Freddy Frechdachs
vom gemein sein & allein sein

1. Auflage 2024

Inhalt: Sabrina Hinrichs
Coverbild: Juli Lehmann
Redaktion: Kohl-Verlag
Grafik & Satz: Kohl-Verlag
Druck: farbo prepress GmbH, Köln

Bestell-Nr. 13 048

ISBN: 978-3-98841-098-6

Bildquelle © Illustrationen von Juli Lehmann

Inhalt

Kapitel 1
Höhlenarrest

Mitten im Wald lebte der kleine Dachs Freddy mit seiner Familie im Dachsbau unter einer großen Eiche. Im ganzen Wald war Freddy als Frechdachs bekannt. Denn es gab kaum ein Tier, dem er noch keinen Streich gespielt hatte.

„Freddy, wo bist du?", hörte Freddy die Stimme von seiner Mutter. Freddy saß gerade auf einem Baumstamm und warf Steine auf einen Ameisenhaufen.

Mit jedem Wurf zerstörte er das Werk der kleinen fleißigen Tiere mehr und mehr. Kichernd sah er zu, wie die Ameisen ängstlich und aufgeregt durcheinanderliefen.

Freddy Frechdachs –
vom gemein sein und allein sein • Bestell-Nr. 13 048

„Freddy?" Seine Mutter suchte offensichtlich nach ihm. Doch bevor Freddy sich auf den Weg nach Hause machen konnte, stand seine Mutter schon vor ihm und sah alles andere als freundlich aus. Freddy ahnte schon den Grund für ihre schlechte Laune.

„Elli Eichhörnchen war gerade bei uns!", legte Mama Dachs sofort los. „Hast du den Eichhörnchen wirklich alle Vorräte an Nüssen und Eicheln geklaut? Was hast du dir nur dabei gedacht?" Doch eine Antwort wartete sie gar nicht ab. „Du hast Höhlenarrest! Komm sofort mit!", sagte sie streng.

Zuhause wartete Papa Dachs bereits. Doch auch er schien nicht besonders erfreut seinen Sohn zu sehen. „Ich habe gerade Schleimi die Schnecke getroffen und musste ihr aus ihrem Schneckenhaus heraushelfen. Sie behauptet, dass du sie darin eingesperrt hast. Sie meint, dass sie dein gemeines Kichern sofort erkannt hat, als plötzlich ein Stück Holz den Ausgang versperrt hat."

Freddy Frechdachs – vom gemein sein und allein sein • Bestell-Nr. 13 048
KOHL VERLAG

Vater Dachs schaute Freddy eindringlich an. „Warst du das? Hast du Schleimi eingesperrt?", fragte er mit strenger Stimme. Freddy nickte und wagte kaum seinen Vater anzuschauen.

„Wann hörst du endlich mit deinen gemeinen Streichen auf?", seufzte Mama Dachs.

In den nächsten Tagen würden die Waldbewohner vor Freddy sicher sein. Doch der Höhlenarrest konnte schließlich nicht ewig anhalten und dann ließ der nächste Streich von Freddy Frechdachs normalerweise nicht lange auf sich warten.

So war es auch diesmal ...

Kapitel 2
Die nächsten Streiche

Als Freddy den Dachsbau nach dem Höhlenarrest Richtung Teich verließ, entdeckte er schon bald die Mäuse Mimmi und Mia, die schlafend in einem kleinen Nest unter einem Busch lagen. Sofort kam Freddy eine gemeine Idee:

Er schlich sich leise an und band die Schwänze der Mäuseschwestern zusammen.

Dann schlich er sofort weiter zum Teich. Auf den Seerosen saßen mehrere Frösche und quakten leise vor sich hin.

Freddy Frechdachs – vom gemein sein und allein sein • Bestell-Nr. 13 048

Freddy ging auf Pfotenspitzen näher heran, nahm sich ein Stück Baumrinde und machte vom Ufer aus damit so hohe Wellen wie möglich. Zufrieden sah er zu, wie die Seerosen zu schaukeln begannen. „Hilfe!", quakten die Frösche aufgeregt. Denn schon bald wackelten die Seerosen so sehr, dass sich ein Frosch nach dem anderen nicht mehr darauf halten konnte und ins Wasser plumpste. Schadenfroh kichernd versteckte sich Freddy im Schilf. Doch obwohl die Frösche Freddy nicht gesehen hatten, wussten sie genau, wer für das Kentern der Seerosen verantwortlich war.

Freddy hatte von seinem Versteck aus einen blauen Farbtopf mit Pinsel entdeckt. Beides stand neben dem kleinen Bootshaus. Ohne zu zögern lief Freddy los, um sich seinen Fund genauer anzusehen. Zufrieden nahm er beides mit und machte sich auf den Weg zum Fuchsbau. Schon von Weitem hörte Freddy das Schnarchen von Ferdinand Fuchs. Freddy rieb sich die Pfoten. Denn das war eine gute Gelegenheit für den nächsten Streich.

Freddy Frechdachs – vom gemein sein und allein sein • Bestell-Nr. 13 048

Kapitel 3
Die gemeinsten Streiche

Bis zum nächsten Morgen hatte sich im ganzen Wald herumgesprochen, was mit Ferdinand passiert war. Sein Weinen hatten alle Tiere gehört, die am Fuchsbau vorbeiliefen, und wer ihn sah, erkannte ihn kaum wieder. Denn sein schönes rotes Fell war nun knallblau.

Währenddessen war Freddy bereits wieder im Wald unterwegs und verfolgte den Maulwurf Max. Jedes Mal, wenn der Maulwurf versuchte durch seinen Maulwurfhaufen an die Erdoberfläche zu kommen, versperrte Freddy ihm den Weg und trampelte fröhlich einen Maulwurfhaufen nach dem anderen wieder platt. Als er keine Lust mehr auf das Spiel hatte, steckte er Dornen in die Maulwurfhaufen hinein. Zufrieden rieb er sich die Pfoten, als er daran dachte, was passieren würde, wenn der Maulwurf durch seine bereits gegrabenen Gänge an die Erdoberfläche kommen würde.

Kapitel 4
Gemein und allein

Auf dem Weg zurück zum Dachsbau, traf er auf mehrere Hasen, die auf einer Lichtung Verstecken spielten.
„Hallo", rief Freddy als er näherkam. „Darf ich mitspielen?" Die Hasen drehten sich erschrocken um und schienen sich nicht besonders über den neuen Spielkameraden zu freuen.

Freddy Frechdachs –
vom gemein sein und allein sein • Bestell-Nr. 13 048

„Kommt schnell mit!", rief Hoppel seinen Hasenfreunden zu und war schon fast zwischen den Bäumen verschwunden. „Freddy hat bestimmt wieder einen gemeinen Streich geplant!" Etwas zögerlich folgten die anderen Hasen Hoppel in den Wald hinein. Eigentlich fanden sie es unfair, Freddy nicht mitspielen zu lassen. Aber geärgert werden wollten sie auch nicht, denn das war ihnen mit Freddy, dem Frechdachs, schon oft genug passiert. Freddy blieb alleine auf der Lichtung zurück und schaute den Hasen nach, die nach und nach zwischen den Bäumen verschwanden.

„Dann spiele ich halt mit den Rehen fangen," murmelte Freddy etwas enttäuscht und lief weiter, um sie zu suchen. Zwischen den Ästen einer alten Eiche entdeckte er die Eule Erna.

„Hallo Erna, hast du die Rehe gesehen?", fragte Freddy. Als die Eule ihn erkannte, verfinsterte sich ihr Blick. Trotzig reckte sie den Schnabel in die Luft und drehte sich von Freddy weg.

„Was ist denn los?", fragte Freddy. „Wieso sprichst du nicht mit mir?" Doch Erna blieb regungslos auf ihrem Ast sitzen, ignorierte den kleinen Frechdachs und würdigte ihn keines Blickes.

Verwundert zog Freddy weiter. Was hatte er Erna nur getan, dass sie nicht mit ihm reden wollte?

„Macht nichts!", sagt er sich. „Die Rehe werde ich schon alleine finden." Und tatsächlich entdeckte er bald Ria an einem kleinen Bach. „Hey, habt ihr Lust Fangen zu spielen?" Ria hob den Kopf und schüttelte diesen sofort, als sie sah, wer ihr diese Frage gestellt hatte. „Ganz sicher nicht!", erwiderte sie. „Ich habe genug Freunde, mit denen ich spielen kann und die mich nicht ständig reinlegen, blamieren oder ärgern. Glaubst du wirklich, dass noch jemand etwas mit dir zu tun haben möchte, wenn du so gemein bist?"

Freddy Frechdachs – vom gemein sein und allein sein • Bestell-Nr. 13 048

Freddy sah Ria überrascht an. „Nun sei doch nicht so nachtragend. Es ist doch echt schon lange her, dass ich mich als Wolf verkleidet habe, um euch zu erschrecken", murmelte Freddy etwas kleinlaut.

„Ich habe gestern Ferdinand gesehen", erklärte Ria. „Deine Streiche werden immer gemeiner! Und wir alle werden immer wütender."

„Ria, wo bleibst du denn?" Ihr Bruder Ronny kam angelaufen. „Wir anderen Rehe sind alle hier?" Als er Freddy sah, verfinsterte sich sein Blick und er sah Ria fragend an.

„Ich habe ihm gerade erzählt, wieso ihm alle aus dem Weg gehen", erklärte Ria ihrem großen Bruder.

„Das sollte er eigentlich selbst am besten wissen!", entgegnete Ronny. „Komm! Die anderen warten schon!" Mit diesen Worten verschwanden die beiden Rehe und Freddy blieb allein zurück. So einsam hatte er sich noch nie gefühlt. Waren wirklich alle Tiere des Waldes so wütend auf ihn? Seine Streiche sollten eigentlich lustig sein. Doch anscheinend kamen seine Gemeinheiten bei niemandem gut an. Und Freddy musste zugeben, dass seine Schadenfreude immer nur für kurze Zeit anhielt. Glücklich machte sie ihn jedenfalls nicht. Unglücklich machte ihn dagegen, dass niemand mehr mit ihm spielen wollte. Traurig tapste er zurück zum Dachsbau. Tatsächlich liefen alle Tiere, denen er begegnete, fort, als sie ihn sahen. Im Dachsbau erwarteten ihn schließlich seine verärgerten Eltern.

Freddy Frechdachs –
vom gemein sein und allein sein • Bestell-Nr. 13 048

Kapitel 5
Gute Vorsätze

„Freddy! Wir wissen wirklich nicht mehr, was wir machen sollen! Ein Höhlenarrest folgt dem anderen. Ein gemeiner Streich folgt dem nächsten und das, was du den anderen Tieren antust, wird immer fieser und gefährlicher. Du riskierst sogar andere Tiere zu verletzen." Mama Dachs machte eine kleine Pause. „So geht es nicht weiter!" Freddy wusste, dass seine Mutter recht hatte. So ging es wirklich nicht weiter. Auch Freddy selbst fühlte sich plötzlich nicht mehr wohl in seinem Fell.

„Versprichst du, dass es ab heute keinen einzigen Streich mehr geben wird?", forderte Papa Dachs. Freddy nickte. „Ja!", murmelte er und meinte sein Versprechen total ernst. Auch er hatte keine Lust mehr auf die ständigen Streitigkeiten mit seinen Eltern. Aber was ihn noch trauriger stimmte, waren die anderen Tiere, die ihm aus dem Weg gingen. „Gemein sein heißt wohl auch allein sein", dachte sich Freddy. Und allein sein wollte er nicht.

Am nächsten Tag verließ Freddy mit guten Vorsätzen den Dachsbau. Keine Streiche mehr! Und dafür wieder viele Freunde! Das hatte sich Freddy fest vorgenommen. Doch als alle Tiere des Waldes ihm den Rücken zukehrten, wegliefen und ihm gar nicht zuhörten, merkte er, dass sein Plan doch nicht so einfach funktionierte, wie er gedacht hatte. Freddy war weit und breit als Frechdachs bekannt. Niemand glaubte ihm, dass er keinen Streich geplant hatte und niemand hatte Lust auszuprobieren, ob Freddy tatsächlich nichts Gemeines vorhatte.

Traurig kehrte er zum Dachsbau zurück. Mama Dachs bemerkte sofort, dass etwas nicht stimmte. „Was ist los?", fragte sie und streichelte Freddy liebevoll mit ihrer Pfote über das Fell. „Wurdest du heute zur Abwechslung mal geärgert?", sagte sie schmunzelnd. Freddy fand das gar nicht lustig. „Niemand wollte mit mir spielen. Dabei habe ich wirklich niemanden geärgert", maulte Freddy.

Mama Dachs seufzte. „So einfach ist das nicht. Woher sollen die Tiere wissen, dass du dich geändert hast? Du musst allmählich ihr Vertrauen zurückgewinnen und sie überzeugen, dass du kein Frechdachs mehr bist."

Freddy sah seine Mutter mit großen Augen an. „Aber wie soll ich das machen?", fragte er.

Mama Dachs überlegte kurz. „Sei nett zu ihnen und versuche, das, was du Ihnen angetan hast, wiedergutzumachen! Versuche Ihnen eine Freude zu machen!" Mama Dachs sah ihren Sohn aufmunternd an. „Du schaffst das schon!"

Kapitel 6
Entschuldigungen

Freddy dachte lange über die Worte seiner Mutter nach und fragte sich, wie er sich bei den Tieren entschuldigen konnte. Schließlich hatte er mehrere gute Ideen. Als erstes begann er Nüsse für die Eichhörnchen zu sammeln und legte den Mäusen ein großes Stück Käse ins Mäusenest. Dann machte er sich auf den Weg zum Teich, um dort den Fröschen Schwimmreifen zu schenken, die er selbst aus Tannenzapfen gebaut hatte. Als er auf dem Nachhauseweg Igor Igel entdeckte, der sich gerade ein Nest aus Blättern bastelte, half Freddy sofort beim Suchen von Baumaterial. Schon nach kurzer Zeit hatte er für den Igel ein gemütliches, großes Zuhause geschaffen. Igor sah Freddy ungläubig und unsicher an. Gab es wirklich keinen Haken bei der Sache? Hatte der kleine Frechdachs ihn tatsächlich nicht hereingelegt? „Das ist ein tolles neues Zuhause Freddy! Vielen Dank für deine Hilfe!" Freddy wurde unter seinem dicken Fell ganz rot. Die netten Worte von Igor taten gut und er freute sich, dass er dem Igel helfen konnte.

Freddy Frechdachs – vom gemein sein und allein sein • Bestell-Nr. 13 048

Als Freddy nach Hause zurückkehrte, empfing ihn seine Mutter. „Hast du gesehen, was am Teich los ist?", fragte sie begeistert. „Die Frösche haben sich riesig über die Schwimmringe gefreut, die du für sie gebaut hast, und planschen damit total vergnügt! Und die Eichhörnchen und die Mäuse sind sehr dankbar für das leckere Essen!" Lächelnd sah sie ihren Sohn an. „Ich bin stolz auf dich, du Liebdachs!", fügte sie lachend hinzu.

Auch Papa Dachs lobte Freddy und erzählte seinem Sohn abends eine lange Gute-Nacht-Geschichte. Gemeinsam summten sie ein schönes Schlaflied und Freddy erzählte stolz von seinen Plänen für die nächsten Tage. Danach schlief er glücklich und zufrieden ein.

Am nächsten Morgen pflanzte Freddy in der Nähe der Hasenhöhle Mohrrüben. Dann machte er sich mit einem großen Stück Seife, das er im Bootshaus am Teich gefunden hatte, auf den Weg zum Fuchsbau.

„Ferdinand!?", rief Freddy mit zittriger Stimme. Nach dem gemeinen Streich war der kleine Fuchs wohl noch immer nicht gut auf Freddy zu sprechen.

Tatsächlich sah Ferdinand nicht besonders begeistert aus, als er Freddy vor dem Fuchsbau entdeckte.

„Ich möchte mich bei dir entschuldigen", sagt Freddy schnell. „Dein Fell blau anzumalen, war total gemein von mir." Freddy sah, dass immer noch blaue Farbreste am Fell des Fuchses klebten und hatte ein schlechtes Gewissen. „Ich war wohl ein bisschen neidisch auf dein schönes rotes Fell", fügte er hinzu. „Mit der Seife hier zaubern wir es bestimmt ganz schnell wieder so schön rot, wie es war". Erwartungsvoll schaute er Ferdinand an. Dieser ließ Freddy in seine Höhle eintreten.

Freddy Frechdachs – vom gemein sein und allein sein • Bestell-Nr. 13 048
KOHL VERLAG Lernen mit Erfolg

„Ich freue mich, dass du kommst, um dich zu entschuldigen! In dem blauen Fell fühle ich mich immer noch schrecklich. Aber wenn du mir hilfst die Farbe heraus zu waschen, vergessen wir die ganze Sache am besten ganz schnell." Freddy war erleichtert. Erleichtert, dass Ferdinand ihm nicht mehr böse war und erleichtert, dass das Fuchsfell bald wieder so rot strahlte, als wäre gar nichts passiert. Nachdem Freddy Ferdinands Fell abgetrocknet und sich von ihm verabschiedet hatte, machte er sich auf den Weg zur großen Lichtung mitten im Wald.

Kapitel 7
Ein neuer Treffpunkt

Am Rande der Lichtung baute er aus dicken Ästen und Baumstämmen eine Tränke. Wenn sein Plan aufging und sich ausreichend Regenwasser ansammeln würde, hätten die Tiere des Waldes zwischen dem Bach und dem Teich eine weitere Stelle zum Trinken. Schon bald sprach sich im Wald herum, dass es an Freddys neuer Tränke genug Wasser für alle Tiere gab. Die Lichtung wurde zu einem neuen Treffpunkt zum Trinken, Fressen, Erzählen und Spielen.

„Das war eine tolle Idee Freddy!", sagte Ronny, das Reh, anerkennend. „Ich kannte dich bisher nur als Frechdachs und ich freue mich, dass du so freundlich und hilfsbereit geworden bist."

Freddy Frechdachs – vom gemein sein und allein sein • Bestell-Nr. 13 048

Freddy genoss es, dass die Tiere plötzlich alle sehr nett zu ihm waren. Er gehörte nicht nur überall wieder dazu. Er wurde nun sogar besonders anerkannt und geschätzt. Während sich die Waldbewohner über ihn wunderten und freuten, hatte er schon wieder eine neue Idee, um allen eine Freude zu machen.

Kapitel 8
Die Überraschung

Freddy wusste, dass viel Arbeit vor ihm lag, wenn er seine Idee in die Tat umsetzen wollte. Doch es dauerte nicht lange bis er sich an die Arbeit machte und viel Baumaterial zur Lichtung neben der Tränke schaffte.

„Was machst du denn da?", fragte ein Tier nach dem anderen. Doch Freddy hatte beschlossen niemandem etwas zu verraten. Es sollte für alle eine Überraschung bleiben. Neugierig schauten die Tiere ihm zu und fragten sich, was Freddy vorhatte.

„Freddys Bauprojekt ist genauso kreativ wie seine Streiche", sagte Elli Eichhörnchen lachend. „Allerdings wird uns diesmal das Ergebnis gefallen. Ich glaube, ich weiß schon, was es wird!"

Freddy Frechdachs – vom gemein sein und allein sein • Bestell-Nr. 13 048

Wenige Tage später, wussten alle Tiere des Waldes, was Freddy für sie gebaut hatte:

Auf der Lichtung war ein großer Spielplatz entstanden. Den kleinen Hügel konnte man auf einem Blatt hinuntersausen. An mehreren großen Ästen, hatte Freddy Schaukeln angebracht und daneben war ein Kletterparcours aufgebaut. Außerdem hatte Freddy viele breite Gänge gegraben, durch die die Tiere zu mehreren gemütlichen, großen Höhlen kriechen konnten, in denen Geschichten erzählt werden sollten. Auch eine Wippe, Holzbälle und ein Spinnennetz als Trampolin warteten auf die Waldbewohner.

Begeistert jubelten alle Tiere, als Freddy den Spielplatz eröffnete. Ein Tier nach dem anderen bedankte sich bei Freddy für diese tolle Überraschung. Schließlich stand Ria Reh vor Freddy.

„Es ist toll, was du alles für uns machst!", sagt sie. Sie warf einen Blick auf die anderen Tiere, die fröhlich auf dem Spielplatz tobten. „So kennen wir dich gar nicht!", fügte sie mit einem Lächeln hinzu. „Vor allem der Spielplatz war viel Arbeit. Wieso hast du das gemacht?"

Freddy brauchte nicht lange über eine Antwort nachdenken. „Es tut gut anderen eine Freude zu machen", antwortete er. „Das fühlt sich viel besser an als Schadenfreude." Er machte eine kurze Pause. „Und ich habe viel gelernt in den letzten Tagen: Gemein sein, heißt auch allein sein und allein sein ist nicht schön. Es fühlt sich gut an, dass ich nun nicht mehr einsam bin und niemand böse auf mich ist." Ria nickte. „Du hast Recht! Streit ist nicht schön! Aber schön ist, dass wir hier nun so viel Spaß zusammen haben." Damit hatte Ria wirklich recht. „Na los, komm mit!", rief Freddy und rannte los, um mit seinen Freunden auf dem neuen Spielplatz zu spielen.

 ENDE 

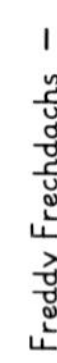